Marathi Alphabets
Vowels/Constants
Marathi Alphabets Picture Book with English Translations

मराठी स्वर & व्यंजन

A perfect Marathi Alphabets (Devanagari script) Book with Alphabet, Words and Pictures with English Translations.

- *This is a beautiful book for children of ages 4+ to learn MARATHI Alphabets (Vowels/Constants)*
- *The book details each alphabet, the English phonetics, the commonly used word in Marathi, words English phonetics and its associated English word for easy understanding and reference with pictures.*
- *Picture book details all 15 Marathi vowels, 36 consonants accompanied with a picture that describes the first words/sight words for respective alphabet*
- *A Perfect Bilingual Early Learning & Easy Teaching Marathi Books for Kids*
- *The book features English phonetics, the commonly used word in Marathi, words English phonetics and its associated English word*
- *Premium color cover design*
- *Printed on high quality perfectly sized pages at 8.5x11 inches Black and White pages*
- *Alphabets with commonly used word (Marathi and English with phonetics) and pictures*

Help us out

We are a small business, and your brief review could really help us. The following link will take you to the **Amazon.com** review page for this book

vapari.page/reviews/26

We appreciate your feedback & support, and sincerely hope to serve better.

मराठी स्वर

अ आ इ ई

उ ऊ ए ऐ

ओ औ अं अः

अॅ ऑ ऋ

अ
a

Ananasa

अननस
[Pine Apple]

आ
Aa

आई
[Mother]

Aaee

इ i

Imarath

इमारत

[Building]

ई I

Limbu

लिंबू

[Lemon]

उ u

Undeer

उंदीर

[Rat]

ऊ u

Usa

ऊस

[Sugar Cane]

e

ek

एक

[One]

ai

Airavath

ऐरावत

[White Elephant]

ओे॒

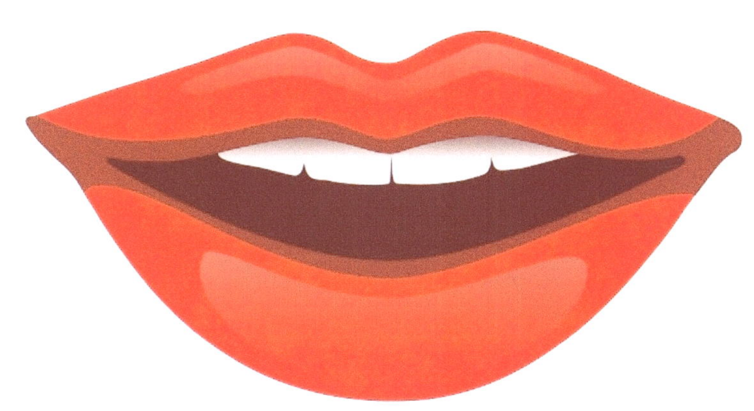

ओठ

[Lips]

Haut

औे
au

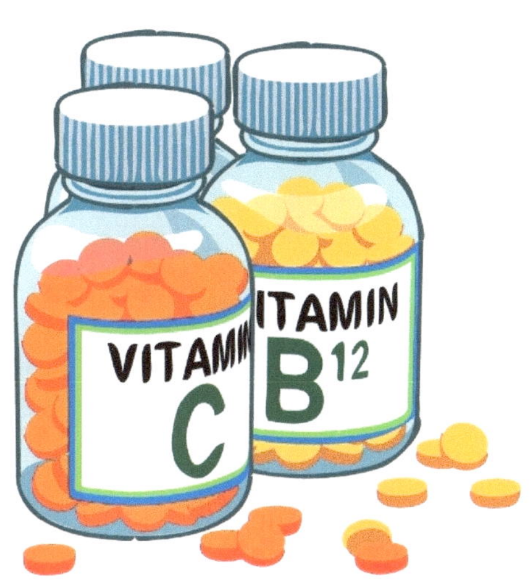

औषध

[Medicine]

Aushada

अं
aM

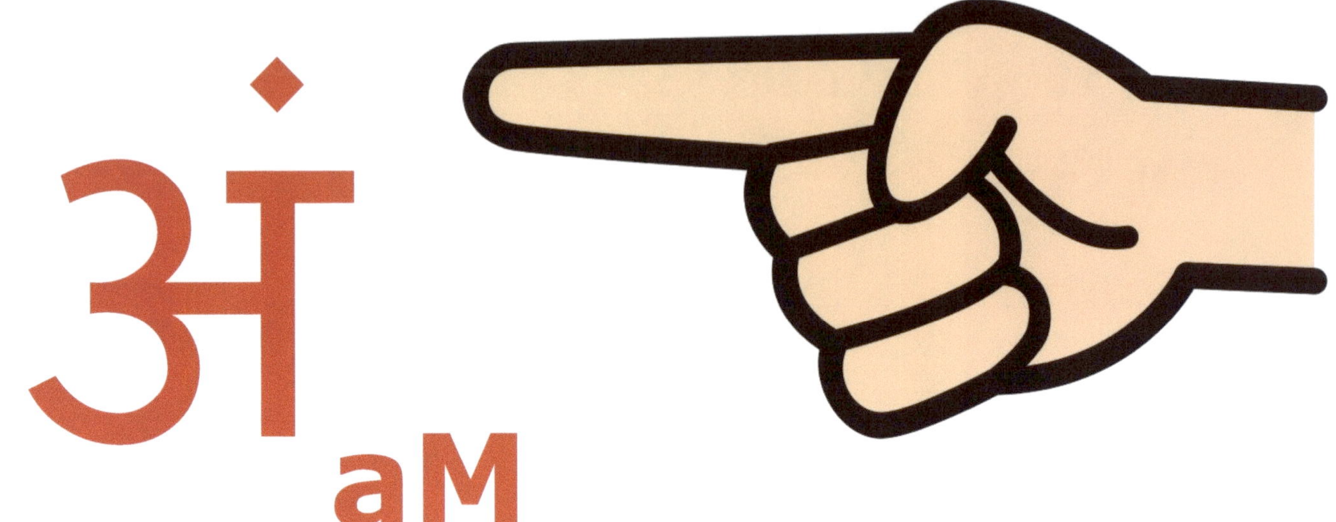

अंगठा

[Finger]

Angatha

अं:
ah

अं:

~a as in 'bat'

`O as in O in Oxford

ऋ Ru

Rushi

ऋषी

[Sage]

Marathi Vowels Alphabets/Letters
मराठी स्वर

अ आ इ ई

उ ऊ ए ऐ

ओ औ अं अः

ॲ ऑ ऋ

Marathi Consonants Alphabets/Letters
मराठी व्यंजन

क	ख	ग	घ	ङ
च	छ	ज	झ	ञ
ट	ठ	ड	ढ	ण
त	थ	द	ध	न
प	फ	ब	भ	म
य	र	ल	व	श
ष	स	ह	ळ	
	क्ष	ज्ञ		

क
ka

KamaL

कमळ

[Lotus]

ख
kha

Khadu

खडू

[Chalk]

ग
Ga

Ganapathi

गणपती

[Ganapathi]

घ
Gha

Ghar

घर

[House]

ड़ **nGa**

च **cha**

Chamcha

चमचा

[Spoon]

छ **Cha**

Chatri

छत्री

[Umbrella]

ज **Ja**

Jahaz

जहाज

[Ship]

Jhaga

ट **ta**

Tapalpeti

टपालपेटी

[Postbox]

ठ **Ta**

Tasa

ठसा

[Rubber Stamp]

ड Da

Daba

डबा

[Box]

ढ dha

Ḍhaga

ढग

[Cloud]

ण
na

बाण

Baana

[Arrow]

त
tha

तराजू

Taraju

[Scales]

श Tha

Thawa

थवा

[Flock]

द da

दऊत

Dhavot

ध **dha**

Dhanushya

न **Na**

Nal

प Pa

पतंग

[Kite]

Pathang

फ pha

फणस

[Jack Fruit]

Phaṇas

ब **Ba**

बदक

Badaka

भ **Bha**

भटजी

Bhatagi

[Priest]

म

Ma

Magar

मगर

[Crocodile]

य

ya

Yangya

यज्ञ

[Holy Fire]

र **Ra**

रात्री
[Night]

Rathri

ल **La**

लसूण
[Garlic]

Lasuna

व

Va

Vajan

वजन

[Weight]

श

Sha

Shahamurg

शहामृग

[Ostrich]

ष
sha

Shathakaun

षटकोन
[Hexagon]

स
Sa

Sassa

ससा
[Rabbit]

ह **Ha**

हत्ती

Hatti

[Elephant]

ळ **L**

कमळ

KamaL

[Lotus]

क्ष ksha

kshathriya

क्षत्रिय

[Royal Warrior]

ज्ञ nJa

nJan

ज्ञान

[Knowledge]

Marathi Vowels Alphabets/Letters
मराठी स्वर

अ आ इ ई

उ ऊ ए ऐ

ओ औ अं अः

अॅ ऑ ऋ

Marathi Consonants Alphabets/Letters
मराठी व्यंजन

क	ख	ग	घ	ङ
च	छ	ज	झ	ञ
ट	ठ	ड	ढ	ण
त	थ	द	ध	न
प	फ	ब	भ	म
य	र	ल	व	श
	ष	स	ह	ळ
	क्ष	ज्ञ		

Marathi Language Books
from the Author

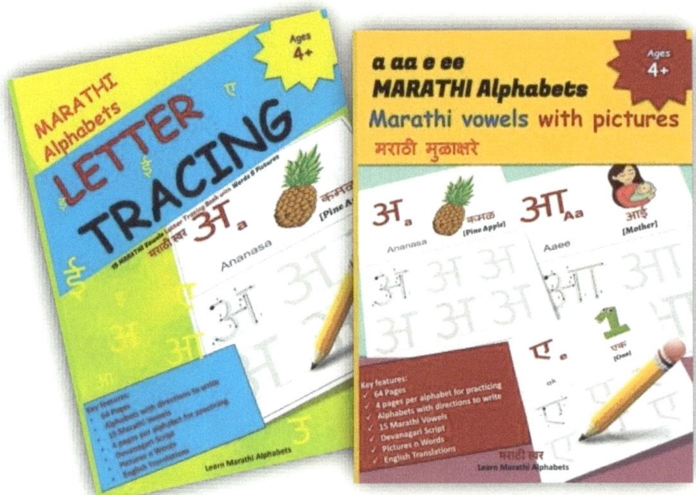

64 Page MARATHI Vowels/ Alphabets LETTER TRACING Book

146 Page Marathi Consonants Alphabets Letter Tracing Book with Words & Pictures

We hope you love the book!

If so, would you care to leave us a quick review? It would mean a lot to us! This following QR code / link would take you to our amazon.com product page:

https://vapari.page/reviews/26

We appreciate your feedback & support, and sincerely hope to serve better.